HÉCTOR G. GÓMEZ G.

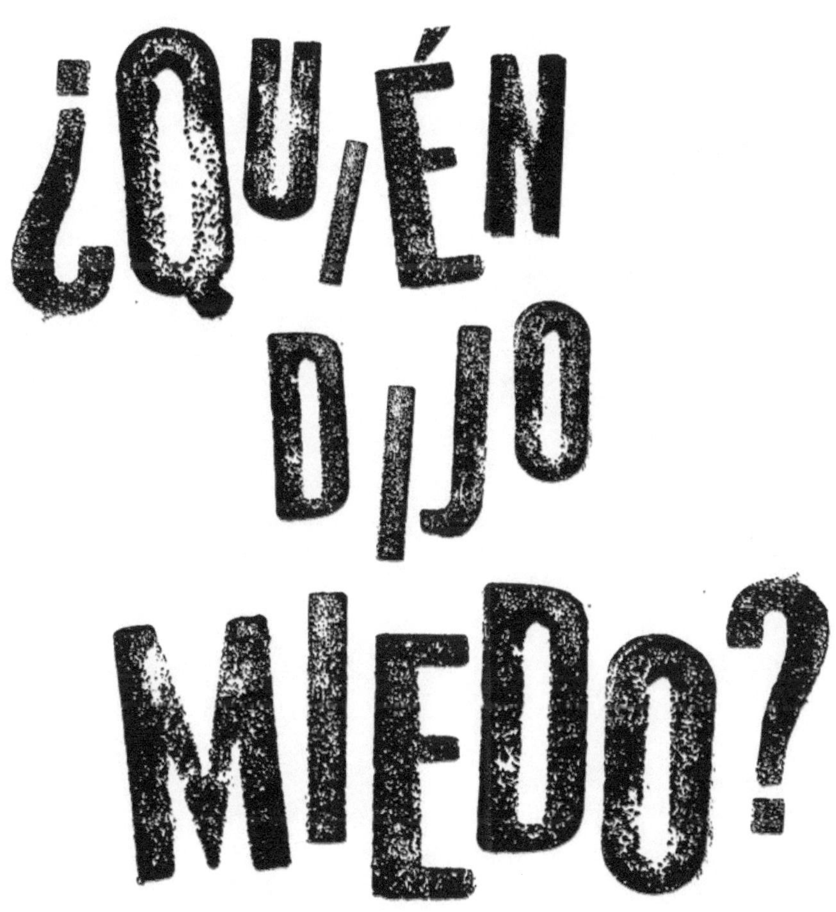

MANUAL DE USO PARA
ENFRENTAR LOS TEMORES
DE LA VIDA COTIDIANA

¿QUIÉN DIJO MIEDO?

MANUAL DE USO PARA ENFRENTAR LOS TEMORES DE LA VIDA COTIDIANA

1a edición. Tecni-Ciencia Libros, 2018
© Héctor G. Gómez G.
Editora: Adriana Rojas Berard
Diseño y diagramación: Fabiana Schael

Depósito legal: DC2018000132
ISBN: 978-980-12-9967-7

"La vida ¿quién lo duda? es mágica, y la *"gente pequeña"*, como nos recuerda *Haruki Murakami*, está llena de magia. Es por ello que esta mágica dedicatoria va dirigida a *tres pequeños seres*, que sin saberlo, llenan constantemente mi vida de magia: **Iker, Pol y Miquel**.

INTRODUCCIÓN

Curiosamente, es posible que un libro sobre miedo, dé miedo. Así de extraños somos los seres humanos. Rechazamos el miedo para algunas cosas, pero para otras no. Y no solo lo aceptamos, sino que se transforma en una especie de juguete que nos atrae, nos seduce y nos lleva de la mano para que experimentemos sus efectos. ¿cómo explicar, si no, la hipnótica atracción que ejercen las películas de terror, misterio y suspenso? ¿Y qué decir de las montañas rusas de los parques de diversiones, que parecen haber sido creadas por mentes tortuosas para hacer experimentar terror a los supuestamente ingenuos miembros del público que las monta?

Por otra parte, vivimos en un mundo y en una sociedad en los que el miedo forma parte de nuestra cotidianidad. Gracias a él logramos prevenir posibles daños y evitar convertirnos en objeto de ataques, maltratos, robos e incluso cosas peores. El miedo nos hace ser prudentes y cautelosos.

Y esa es precisamente la finalidad del miedo: ayudarnos a enfrentar el peligro y prevenir posibles riesgos, pues si actuáramos siempre de manera impulsiva y sin cuidado, estaríamos cometiendo actos temerarios. Y ya se sabe que la temeridad no es valentía, es locura disfrazada. Así como la prudencia no es cobardía, sino mesura, sensatez y buen juicio.

¿Qué finalidad puede tener entonces un libro que trata sobre una emoción tan común, tan experimentada y que además tiene una utilidad tan clara? Resulta que el miedo es una emoción muy compleja y dentro de sus muchas facetas de manifestación existe una que lo hace odioso y rechazable. Existe un miedo sin causa aparente. Existe un miedo que es inexplicable porque es desmesurado.

Existe un miedo que, además de ser totalmente indeseable, es inútil. En fin, existe un miedo que más
que una fuente de diversión o una ayuda ante el
peligro, es una enfermedad.

Y es sobre este tipo de miedo sobre lo que trata este libro. Queremos orientar al común de las
personas sobre un tema que, aunque está siempre
presente, es poco conocido. Hemos querido decir
algunas palabras sobre una forma de miedo que
genera mucho sufrimiento, porque son muchas las
personas que lo padecen y no saben qué hacer con
él ni cómo enfrentarlo.

Mucha gente sufre de miedos patológicos o trastornos de ansiedad y ni siquiera sabe que tiene una
patología y, mucho menos, que hay herramientas,
especialistas y formas de ayudarse y mejorar.

Las maneras como se manifiesta esta forma del
miedo son múltiples y variadas. En este libro hemos querido nombrar y, someramente, describir las
más comunes. Evidentemente no están todas, pero
sí las más frecuentes. A la vez, hemos querido enumerar algunas de las muchas herramientas de las
que el especialista dispone para ayudar a las personas que padecen cualquiera de estos trastornos que
generan tanto malestar.

El objetivo de este libro es que le sirva a mucha
gente para conocer sobre este tema. Y, sinceramente, esperamos que no les dé miedo informarse sobre
el miedo.

¿QUÉ ES EL MIEDO?

¡Ahora resulta que lo que tengo es miedo! Tanto que me dijeron de chiquito que no arrugara, que macho que arruga genera dudas, que hombre es guapo y si no, lo tiene que parecer, ¿qué se yo qué más? Tantas vainas que me dijeron y ahora resulta que mi mujer dice que lo mío es miedo. O pánico, que para el caso es igual. ¿Cómo que igual? ¡Es peor!

Yo pensaba que era algo del corazón, por lo de las taquicardias y los acelerones y esa especie de opresión en el pecho que me da. No es dolor es, bueno, sí, es como un sustico que me aprieta el pecho. Llegué a creer que era algo en los pulmones, porque se me tranca la respiración. Pensando mal, llegué a creer incluso que tenía algo en el cerebro, porque me dan mareos y una sudadera y esa sensación de que en cualquier momento me puedo desmayar. Pero ahora resulta que a mi mujer se le ocurre que lo que yo tengo es miedo. Pero ¿miedo a qué? ¿cómo va a ser miedo si yo no le tengo miedo a nada?

Yo pensaba que era algo

del corazón, por lo de

las taquicardias...

Bueno, tampoco así. Tanto como a nada… Pero tampoco es que soy del tipo culillúo que anda por ahí chorreao y por nada. ¡No señor! A mí no me parece que lo que yo tengo sea miedo. Además, ¿cómo el miedo así, solo, sin más nada, puede explicar los retortijones de barriga y hasta esas ganas horribles de ir corriendo al baño que me han llegado a dar? No, yo no creo. Esto tiene que ser otra cosa.

Lo que no comprendo es que, si tengo algo (y te digo que tengo algo, porque eso que yo siento no es normal), ¿por qué me salen normales todos los exámenes que me dijo el compadre que me hiciera? Y ese compadre ¡sí que sabe! Trabajó un montón de años en una farmacia ¿Qué no habrá visto en tantos años? No será médico, pero ¡tiene una experiencia! Además, tiene una prima que fue enfermera rural un tiempo, y lo que no le cuadra a él, se lo pregunta a ella, entre los dos, son como una junta de eminencias médicas. Y él me lo dijo clarito: "compadre, ¡usted no tiene nada!, ¡usted está como una chompa!". Ajá, y ¿entonces? ¿Será que tiene razón mi mujer y lo que tengo es miedo? Yo como que mejor voy donde un médico, no vaya a ser cosa.

Y vaya que tiene razón la esposa de nuestro amigo. El que no la tiene, para nada, es su compadre, cuando le dice que no tiene nada. ¡Claro que tiene algo! Tiene miedo. Pero el miedo no es una enfermedad —dirán muchos de ustedes— y tendrían razón, realmente es un tema que se presta a equívocos. Vamos a intentar explicar esto de manera sencilla y rápida.

En primer lugar, el miedo es una emoción que surge de manera espontánea, como sensación subjetiva ante una situación que se considera amenazante. Compartimos, como primates que somos, algunos núcleos cerebrales con ancestros mucho más remotos que los propios monos, como lo fueron muchos mamíferos primitivos, que desarrollaron un área de su cerebro para responder de manera muy rápida ante un peligro, y para hacerlo de las únicas dos maneras como podían: huyendo o enfrentándolo.

En otras palabras, desde un punto de vista neurológico, el miedo es una descarga rápida de áreas cerebrales que nos amenaza o nos prepara para huir de una condiciona fisiológicamente para atacar. Es por eso que lo primero que ocurre es una descarga de adrenalina, que estimula el corazón, tensa los músculos y acelera la respiración. El que nos ocurra esto ante una situación realmente peligrosa no se considera una enfermedad.

¿Pero, qué sucede si esto nos pasa cuando no está ocurriendo nada, cuando no hay un estímulo que dispare esa reacción? Imagínense que, de pronto, sin causa aparente, el corazón empieza a latir mucho más fuerte, más rápido, la respiración se acelera, los músculos se tensan llegando incluso a sentirse dolorosos y con motivo de todo ello aparece una sensación de mareo y una impresión de que nos vamos a desmayar. Obviamente, si no teníamos miedo antes de que todo esto nos ocurriera, ahora lo vamos a comenzar a sentir. ¡Y mucho! Pues bien, a este miedo sí se lo considera una patología o una enfermedad. En este caso, una enfermedad incluida dentro de los llamados **Trastornos de ansiedad**. Específicamente, lo que hemos descrito hasta ahora es lo que se conoce con el nombre de **Ataque de pánico**. En estos casos, el miedo deja de llamarse miedo y comienza a llamarse ansiedad.

La causa de este trastorno es un cambio en un neurotransmisor: la serotonina. Ocurre en el área límbica del cerebro, específicamente en un núcleo conocido como la amígdala. Este tipo de trastorno debe ser tratado médicamente por un especialista y con bastante frecuencia responde apropiadamente a los abordajes farmacológicos y psicoterapéuticos combinados.

CAPÍTULO 2

EL MIEDO DE TODOS LOS DÍAS

EL DÍA HABÍA EMPEZADO BIEN.

¡MENOS MAL! —pensó Patty— Andrea aceptó comerse el cereal, Miguelito dejó que le hiciera una arepita con queso sin protestar (como siempre hace), y, aunque un poco tarde, ¡por fin!, aparecieron las llaves del carro.

Hoy parece que la voy a tener fácil. Llevo a Andrea al colegio, después a Miguel y luego, directo al trabajo. Tengo un pocotón de cosas pendientes por hacer. ¡Ah! Se me olvidaba, tengo que pasar a recoger las carpetas de Lucía. Mi pobre hermanita, con esa enfermedad tan rara y el seguro que le pide tantos requisitos. Bueno es cosa de un desvío rapidito. Dejo a los chamos, paso por la clínica y después, sí, directo a trabajar. El señor Anselmo es un buen jefe. Estricto, eso sí, pero comprensivo. Pufff. Espero que hoy no se me haga tan tarde, tengo demasiadas cosas pendientes en la oficina.

Estuvo haciendo la "fuckin" tarea casi hasta las once de la noche. "Realizar una maqueta de una estación de metro". Eso era lo que decían las instrucciones de la maestra. ¿Para qué carajo le piden una maqueta de una estación de Metro a una niña de 8 años?

Al final, la que terminó exhausta y llena de pegalotodo fui yo. Ufff.

—¡Miguel! ¡Deja la vaina!

Antes de haber terminado de decirlo ya me había arrepentido. La psicóloga del colegio había insistido en que no le gritara y ¡menos decirle groserías! ¡Dios mío, qué culpa! ¡Perdóname! Pobrecito Miguel. Le ha pegado mucho lo del divorcio, estaba tan pegado a su papá.

¡Ese muérgano! Claro, si saca a los hijos un fin de semana sí y otro no, y cuando los saca, es un ratico y los lleva que si al parque, que si a comer helado…Y yo, en cambio, me tengo que calar la cuidadera diaria, las tareas, el colegio, la comida…

¿Pero qué le pasa a este carro de …? Chufuuuunnnn… Chufuuuunnnn… Ni modo, decidió no prender.

—¡Bájense! Vamos a pedir un taxi.

Menos mal que tengo efectivo. Bueno, es la plata para arreglar el termo y la voy a descompletar, pero ¿qué le voy a hacer? ¡El termo! ¡Se me había olvidado! Más de un mes bañándome con agua fría y no he tenido el tiempo ni la plata para mandarlo a arreglar. Y eso de tener que calentar agua todos los días para que se bañen los chamos ya me tiene verde.

¡¿Pero, qué pasa hoy?! ¿Es que no va a pasar un taxi en toda la mañana? ¡Dios mío! ¡Ya son las siete!

¿Y, ahora, cómo hago?

Me va a tocar hablar con la supervisora de Miguelito, porque no lo va a dejar entrar. Y ya se me hizo tarde para la oficina. ¡Dios mío! ¡Qué angustia!

Déjame llamar al señor Anselmo de una vez. Vamos, Patty, respira profundo.

—Aló, ¿señor Anselmo? Hooola ¿cómo está? ¿Quién, yo? Bien, bien. Bueno no, qué va, no estoy bien nada.

No me lo va a creer, pero tengo una fiebre de más de cuarenta, no me puedo ni parar de la cama ¿cómo? ¡Ah! ¡claro! Sí, yo sé, la cuenta de Plasticros, yo sé. Mañana sin falta le tengo eso. Claro, yo sé que era para ayer pero ¿cómo hago? Bueno, gracias señor Anselmo, hasta mañana.

Bueno, prueba superada. Ahora déjame ver si puedo agarrar ooootro taxi después de dejar a los niñitos, que me lleve a la clínica para arreglarle eso a Lucía.

Dos horas de cola y una manifestación de médicos por reformas salariales más tarde, Lucía por fin llega a la clínica:

—No, señora, lo lamento, el doctor tuvo una emergencia y se fue.

—Pero ¿y el informe?

—¿El informe? ¿Qué informe? ¡Ah! Sí, yo como que me acuerdo. Pero la interesada es usted y como no llegó a tiempo… mire, venga mañana, pero eso sí ¡tempranito! Así agarra al doctor aquí.

Entre indignada, agotada, con ganas de llorar y furiosa, Patty decide que, ya que había descompletado el dinero del termo, se iría a la peluquería a "hacerse un cariñito" antes de ver cómo haría para arreglar el carro y buscar a sus hijos al colegio antes de prepararles el almuerzo. Se relajó un poquito mientras le lavaban la cabeza, hablando de cualquier cosa con la peluquera. Pagó y salió un poco más serena, pero el mundo se le vino abajo al abrir la puerta de la peluquería para salir: ¡Señor Anselmo! Pero, ¿qué hace usted aquí?

Patty sufre algunos de los síntomas que se enumeran a continuación: cansancio crónico, contracturas y calambres musculares, cambios en su menstruación, sofocos, acidez, mala digestión, siente el corazón acelerado, dolores de cabeza, mareos, temblores, insomnio, irritabilidad, desesperanza, pecho apretado, suspiradera y eso que en el argot más criollo se llama "arrechera crónica".

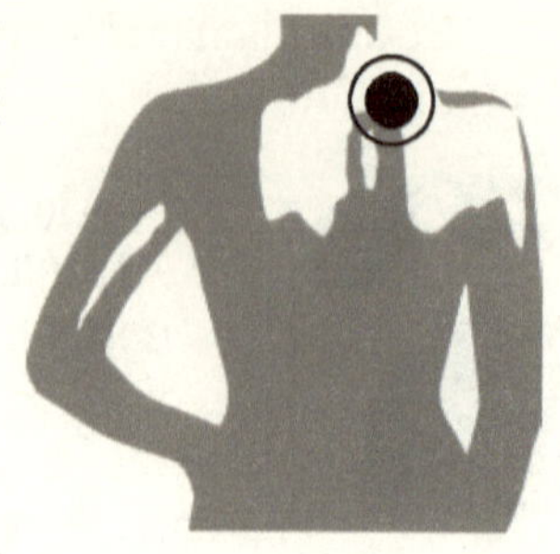

Estos síntomas los produce, entre otras cosas una reiterada descarga de una hormona que se llama Cortisol. Si Patty no hace algo, puede empeorar psíquicamente y terminar con un trastorno depresivo importante y también puede enfermarse de algún trastorno físico, porque sus defensas están bajas.

Pero de miedo nada. Patty nunca ha pensado que lo suyo sea miedo. Aunque en el fondo, bien oculto por una infinidad de obligaciones, responsabilidades, impedimentos y obstáculos de todo tipo, allí, bien agazapado lo que encontramos es miedo. Miedo a "no poder", miedo por sus hijos, miedo por estar sola, miedo a no estar a la altura de las circunstancias en el trabajo y perderlo, miedo al futuro, miedo a no ser una buena mamá, hija, hermana, y un largo etcétera. Patty está llena de miedo.

Patty tiene estrés, que es una forma como el miedo puede manifestarse.

Pero Patty no está condenada a no poder hacer nada. En realidad, puede hacer muchas cosas. De hecho, tiene que aprender muchas cosas. Tiene que aprender a generar resiliencia.

Así se llama a la capacidad para soportar crisis y adversidades de la forma más positiva y con las menores consecuencias negativas posibles. La resiliencia es aprendida y reduce la vulnerabilidad a las situaciones adversas. El nombre, tomado de la física de materiales, es el término que se usa para describir la capacidad que tiene un material para recobrar su forma después de haber sido sometido a fuerzas que lo deforman temporalmente.

Patty tiene que aprender a jerarquizar, a dejar de hacer más de lo que realmente puede, a dejar de intentar quedar bien con todos y a colocar sus prioridades y necesidades personales en el lugar que les corresponde. Tiene que aprender a verse y definirse de acuerdo a sus propios criterios y no depender de la mirada aprobatoria de los otros como la única vía para ser feliz y sentirse valiosa y/o querida.

Debe aprender a ser firme y marcar límites sin sentirse culpable. Patty tiene que aprender muchas cosas. Si lo hace, muy probablemente las circunstancias externas de su vida continúen iguales, pero su manera de reaccionar ante ellas y su forma de sentirse cambiará definitivamente, y ese cambio, bien realizado, le hará bien no solo a ella misma, sino a todas las personas que la rodean.

CAPÍTULO 3

LAS FOBIAS Y OTROS MIEDOS

I.

, Dios mío! Esto sí es chiquito. Menos mal que hay ventanas y sin rejas y, además que estamos en un primer piso. Si no, ni loca vengo para acá. Déjame hablar con la secretaria.

—Perdone señorita, tengo cita con el Doctor Doc.

—El Dr. está en una emergencia y no ha llegado. Siéntese y espérelo que ya no debe tardar.

Bueno. ¡Dios! Y ¿dónde me siento que no me dé tanto miedo? Esa señora ya agarró el mejor puesto, al lado de la ventana. Ah, no, pero voy a hablar con ella a ver si me lo deja.

—Disculpe señora. Le va a parecer raro, pero ¿me podría ceder su asiento? mire, lo que pasa es que yo le tengo pánico a los espacios cerrados y, si tengo que esperar, mejor lo hago cerca de un espacio abierto, así como este balcón.

—¡Noooo, mija! No te preocupes. Si yo con eso del miedo soy una experta. Ven, siéntate aquí, que yo me siento al lado tuyo y con eso echamos una conversadita mientras llegan los doctores de sus "emergencias". Yo me llamo Zoraida, ¿y tú?

—Ay, gracias, mi amor. Yo me llamo Beatriz y no te imaginas lo que te agradezco que me hayas dado tu puesto. ¡Imagínate! Yo, para poder ir a verme con un doctor, primero mando a alguien al consultorio para que se cerciore de que hay ventanas sin rejas y que queda en un piso bajo. ¡No paso del segundo piso ni que me maten!

—Claustrofobia, es lo que dice el Dr. Cito. Lo que tú tienes es claustrofobia. En otras palabras, miedo a los espacios cerrados y también miedo a las alturas. Un tipo de fobia, pues, tú sabes. Pero mija, de eso yo sí que sé ¡Si te cuento, lloras! Tú por lo menos, puedes andar por ahí, aunque sea sin pasar del segundo piso, pero yo…

—¿No me digas que tú también tienes fobia?

—¿Fobia? ¡no, mi amor! ¡Yo lo que tengo son fobiassssss! Así, con múltiples "eses". Las tengo variadas. Para todos los gustos, pues. Mira, le tengo miedo a las cucarachas, a las arañas, a los ratones, a las ratas, a los gatos a… Bueno, a todo bicho viviente. Pero —bajando la voz, como en secreto— hay uno al que le tengo tanto, tanto, tanto miedo, que ni siquiera lo puedo nombrar porque me da una crisis que no me puedo contener.

—¿Y cuál es ese bicho?

—Bueno, te lo voy a medio describir, pero no se te ocurra nombrarlo porque le tengo pánico hasta al nombre ¡Imagínate! es largo, se mueve, uy, como así (y mueve un brazo ondulándolo). Hay unos de ellos que son venenosos y…

—¡Ah! tú a lo que le tienes miedo es a las culeb…

—¡Cállate! ¡No las nombres, por favor!

—¡Guao! Zoraida, lo tuyo es bravo de verdad, verdad. ¿Y cómo te está tratando el Dr. Cito?

— Bueno, mi amor, me ha enseñado a relajarme, con una técnica que llaman la relajación de "Jacobson".

—¡Ah, sí! el Dr. Doc también me ha enseñado esa técnica. Y después, cuando estoy totalmente relajada empieza a hacerme imaginar que estoy en espacios cerrados o en pisos altos. Al principio, no podía ni pensarlo, pero poco a poco ya puedo imaginarme que estoy hasta en un ascensor o en un avión y ya no me da tanto miedo ¡claro! todo eso es imaginándomelo… Pero ir de verdad a meterme en un ascensor ¡Ni loca!

—Igual que a mí. Yo ya puedo ver dibujos de muchos de esos bichos. Y hasta los mismos bichos de goma los puedo ver. Pero todavía me falta camino por recorrer, hasta que lleguemos a… Bueno, ¡ya veremos! Pero él me dice que poco a poco me voy a ir desensibilizando y que llegará una etapa en el tratamiento en que iremos, estando yo en estado de relajación, a ver o a estar más cerca de algunos de esos animales.

—En mi caso, ya puedo moverme a más sitios y dentro de pocas sesiones creo que vamos a empezar a ir a lugares más cerrados cada vez. Eso de la desensibilización sistemática en estado de relajación funciona, pero eso sí: ¡poco a poco! Ay, Dr. Doc, ya llegó!

—¡Hola Beatriz! ¿cómo estás? Ven, pasa de una vez…

—¡Claro! mi Dóctor. Chao, Zoraida, me encantó hablar contigo y compartir nuestros miedos y nuestras fobias.

—Chao, Beatriz. Y que la próxima vez nos veamos en un ascensor y yo esté cargando un mono ¡Ja, ja, ja!

Fobia es un término que viene de la mitología griega. Fobos era uno de los cuatro escuderos de Ares, el dios de la guerra. Los otros tres eran Enio, Éride (la discordia) y Deimo (el temor).

El miedo es una emoción básica en el ser humano. El núcleo del miedo se encuentra alojado en lo más profundo del cerebro y se denomina núcleo amigdalino, aunque se le conoce comúnmente como amígdala. Cuando un estímulo proveniente de los sentidos o del propio cuerpo, es leído como una amenaza, la amígdala se estimula y envía una señal de alarma a todo el cuerpo. Entonces, se segrega la adrenalina, que prepara al organismo para la huida o el ataque. Este mecanismo fue de enorme utilidad para nuestros ancestros, pues les servía para sobrevivir en un medio lleno de peligros y amenazas. Aún ahora es de extraordinaria importancia, pues nos avisa cuando alguna circunstancia pone en peligro nuestra integridad.

El problema se presenta cuando estímulos de poca o ninguna relevancia son interpretados por el cerebro como elementos amenazantes y le informan a la amígdala que envíe su señal de peligro, aunque no esté pasando nada que sea realmente riesgoso. Cuando sucede esto, estamos en presencia de una fobia; es decir, una reacción desproporcionada al estímulo. La mayoría de las fobias son aprendidas y su tratamiento consiste, precisamente, en desaprender el miedo y enseñar al cerebro que lo que le causa tanto temor es una señal equivocada.

Una persona puede verse afectada por varias fobias a la vez. Cuando se sufre de una o de unas pocas, el tratamiento es relativamente sencillo y se vuelve más problemático cuando nos encontramos en presencia de un paciente con fobias múltiples, que en muchos casos pueden llegar a ser incapacitantes.

2.

Un muchacho joven que también espera en el consultorio, no ha perdido detalle de la conversación de las dos mujeres. Aunque luce ensimismado, con la vista fija en el suelo, inquieto y desasosegado, ha estado parando la oreja. Mueve las piernas y se acaricia las manos, que a leguas se nota que le sudan, y quiere, pero no consigue pararse de su asiento. Finalmente, con mucho trabajo y haciendo un esfuerzo casi heroico, se levanta y se dirige, con voz baja y temblorosa, a Zoraida.

—Disculpe, señora. Perdone que la moleste. Me llamo Andrés y no pude dejar de escuchar lo que hablaron usted y la otra señora y me quedó una gran duda.

—No, chamo, no te preocupes. Dime, ¿te puedo ayudar en algo?

—Bueeeno, sí

Mientras se sentaba, la cara, las orejas y hasta el cuello de Andrés iban enrojeciendo. Temblaba y las manos le sudaban más y más.

—Pero siéntate ¿Qué tienes, chamo? ¿Te sientes mal?

—No, no se preocupe. Este es precisamente mi problema. Me cuesta muchísimo hablar con la gente. Es como si le tuviera miedo a todo el mundo: a lo que me puedan decir, a que se rían de mí, a que piensen que soy bobo, a las burlas… ¡Qué se yo! Le tengo miedo a todo lo que tenga que ver con estar con otras personas.

—Ah, ¡caramba!

—Siempre fui algo tímido, desde que era niño, pero como a los 14 o 15 años me fui poniendo peor. Y ahora tengo 20 y me corto todo el tiempo, no puedo hablar, ni salir, ni nada... La verdad que me siento muy mal.

—Oye, pero ¿y si pones un poquito más de tu parte?

—¿De mi parte? ¿Poner de mi parte? Pero señora, usted no se imagina. Hago lo imposible, pero empiezo a ponerme rojo, me sudan las manos y la cara. Y casi siempre... ahí empieza el chalequeo. Usted no se imagina cómo es la gente conmigo. Cuanto peor me siento, más se burlan. No, no, mejor es aislarme y andar solo, aunque me sienta mal. Me da demasiado miedo enfrentar a la gente.

— ¿Y qué te dice tu Doctor?

— Bueno, por eso quería hablar con Ud. escuché que les estaban enseñando una técnica de relajación. A mí también me la indicaron y la aprendí, pero el Dr. Doc me dice que mi caso se llama fobia social, y que a diferencia de lo que sucede en el tratamiento de otro tipo de fobias, yo debo seguir un tratamiento.

—¡Ah! ¿en serio?

—Sí. Mi fobia tiene componentes heredo-familiares y según me han dicho responde bastante bien y relativamente rápido a un medicamento. Hoy vengo a hablar con él, pero tengo muchas dudas. No sé, eso de los medicamentos no me convence. A lo mejor, tratarme sin pastillas es mejor. A mí no me gusta usar pastillas ¿sabe? es como si dependiera de ellas. ¿A usted qué le parece?

—Bueno, chamo, yo de eso no sé mucho. Lo que sí te puedo decir es que el Dr. Doc sabe lo que hace. Si él piensa que debes tomar algo, creo que lo debes tomar. Mira, si a mí me hubieran mandado a tomar algo... ¡Uff! ojalá hubiera una pastillita para quitarme todos mis miedos. Mira, piensa con lógica, hay muchas enfermedades con las que las personas tienen que tomar una medicación para poder mantenerse sanos. Mi hermano, por ejemplo, tiene la tensión alta y él se toma sus pastillas todos los días y está controlado. Mi mamá es diabética y también se toma su tratamiento sin mucho rollo. Y ahí están, tranquilos. Yo no creo que el doctor tenga ningún interés en mandarte un medicamento a ti por gusto. No todos los casos son iguales; si él te dice que tomes tu tratamiento. ¡Pues, tómatelo!

—Sí, bueno, usted tiene razón. Gracias por su consejo.

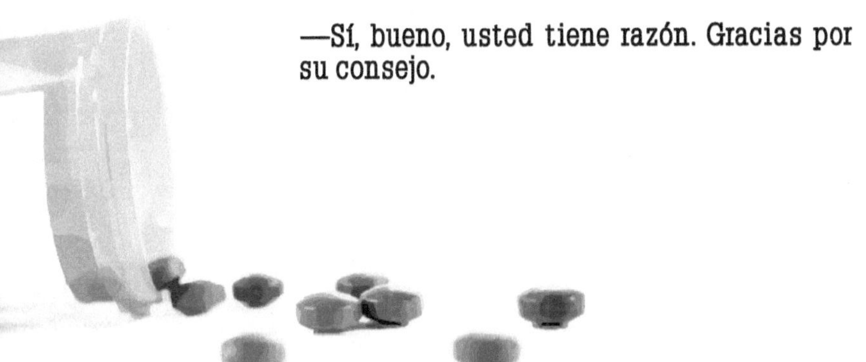

—¡Tranquilo, chamo! mira, te dejo ¡qué salió mi número! Dr.Citoooo, ¡por fin! ¡Ya me estaban saliendo canas verdes!

Zoraida se abalanzó hacia el consultorio sin esperar órdenes ni del doctor ni de la secretaria y desapareció por la puerta.

Antes les dije que la mayoría de las fobias eran aprendidas. Pero no todas lo son. Existen algunas, como por ejemplo la mal llamada fobia a la sangre, que es de trasmisión genética y se trasmite hereditariamente. La persona que la sufre experimenta lo que se denomina espasmo vaso-vagal cuando se encuentra en presencia de la sangre y esto genera, con frecuencia, una pérdida del conocimiento o desmayo.

Otra fobia que tiene un componente genético es la llamada fobia social. Andrés ha descrito bastante claramente cuáles son los síntomas que padece alguien con este tipo de fobia. El tratamiento para este tipo específico cambia bastante, pues, si bien están indicados los abordajes habituales para las fobias en general, la social responde bastante rápido a algunos medicamentos. El uso de estos medicamentos es bastante seguro y no tiene porqué generar adicciones de ningún tipo, siempre que se usen apropiadamente y sean indicados por un médico conocedor de estos temas.

3.

Beatriz salió sonriente y relajada del consultorio del Dr. Doc. La secretaria, con cara de pocos amigos, llamó —más bien gritó— al siguiente paciente.

—Sr. Malpica pase usted. ¡Andrés! —exclamó— a ti te toca después del señor. Ponte pilas, pues.

Y continuó con su intercambio de mensajes a través del teléfono celular.

El Sr. Malpica venía acompañado de su esposa. Se veía serio, casi adusto y con una expresión entre tensa y temerosa. Caminaba con cuidado y trataba de que sus manos no tocaran ni rozaran con nada de lo que había en su camino. Incluso su esposa evitaba tocarlo, como si estuviera hecho de cáscaras de huevo. El pobre hombre miraba con cuidado y meticulosidad a su alrededor, como previendo o evitando ensuciarse o mancharse accidentalmente. Llamaba la atención su aspecto: el pelo muy corto y escrupulosamente afeitado, su ropa recién planchada e impecable.

El doctor lo recibió cortés, pero cuidadosamente.

—Pase adelante, señor Malpica. Usted también, señora Rosa. Bienvenidos. Siéntense.

—Deme un minuto doctor, y perdone. ¿trajiste las toallitas, ¿no?

—Claro que las traje, Ernesto. Aquí están.

La mujer le pasó un paquete de toallitas húmedas, con las que limpió lenta, cuidadosa y meticulosamente el sillón donde se iba a sentar. Luego, completó la tarea con toallitas secas y, finalmente, se sentó.

El Dr. Doc veía la escena con paciencia y algo divertido. Sabía que era un acto habitual de su paciente, un caso de trastorno obsesivo compulsivo bastante severo.

—Ay, doctor, no sé qué decirle —interrumpió Rosa— Yo lo veo un poquito mejor, pero el día a día con él es muy difícil. Fíjese que hoy teníamos cita con usted a las 2 de la tarde y él comenzó a bañarse desde las 5 de la madrugada y logró sentirse limpio y salir de la ducha a las 11 y media de la mañana. ¿Se acuerda que la semana pasada no llegamos a la consulta? Bueno, fue porque después de 6 horas de estarse bañando, obviamente siguiendo todo su ritual, y lograr vestirse y salir, se encontró con un vecino que lo palmeó en la espalda. ¡Imagínese! Se devolvió en el acto porque se sintió contaminado otra vez.

—Mire doctor, yo sé que es una locura. Yo me doy cuenta de que es algo que no tiene sentido, pero no lo puedo evitar. Si no regreso y me baño otra vez según el ritual, me comienza una angustia espantosa, me vienen ideas continuamente de que tengo gérmenes que me están infectando y de que la única solución es que me vuelva a bañar. Dentro de mí hay una batalla. ¡Qué digo batalla, una guerra! Hay una parte de mí que sabe que todo es absurdo y me dice que no haga nada, pero si no lo hago empieza el miedo, el pánico, la angustia terrible y termino cediendo para poder tranquilizarme, aunque sea un rato, mientras empieza la idea otra vez.

—Doctor, pero a estas alturas ¿él no debería poner más de su parte?

—Bueno Rosa, esto ya lo hemos hablado en otras ocasiones. Lo que su esposo tiene es un trastorno de un núcleo cerebral que se mantiene todo el tiempo activo. Eso les produce a los pacientes con éste tipo de trastorno ideas obsesivas, reiteradas y casi constantes. Son ideas que varían de un paciente a otro. Algunos piensan que huelen mal, o que son homo- sexuales sin serlo, o que se van a contaminar con bacterias que los van a infectar, como es el caso de tu esposo. Las ideas pueden variar mucho, pero con frecuencia están asociadas a la limpieza o higiene. Esto los lleva a realizar conductas compulsivas que ellos mismos sienten como absurdas, pero no pueden evitar continuar con ellas. El tratamiento es fundamentalmente farmacológico, se usan otras herramientas como el biofeedback y manejo psicoterapéutico. En casos muy graves, como en el de su esposo, está indicado un tratamiento con cirugía estereotáxica, que no es invasiva y puede ayudar mucho a casos muy severos que no responden a otro tipo de tratamiento.

—Entiendo, doctor ¿Y ahora, qué hacemos? ¿cuál es el siguiente paso?

—Bueno Rosa, su esposo ha venido a cita solamente tres veces, estamos empezando un tratamiento largo. La dosis que está tomando es muy baja todavía y debemos subirla progresivamente. Voy a empezar a verlo a solas periódicamente y quiero que se haga unos exámenes.

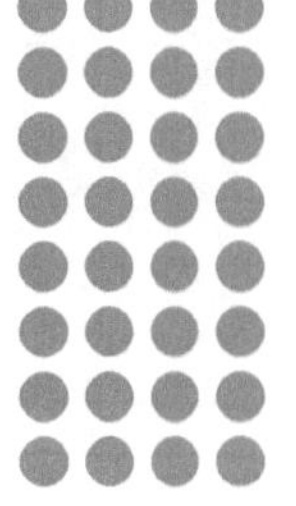

El doctor continuó la consulta ante la impaciencia de la esposa, que poco a poco se fue tranquilizando al ver que existían esperanzas para que su marido mejorara, pero que tendrían que ir poco a poco.

El caso del señor Malpica es un ejemplo particularmente severo de lo que se denomina el Trastorno Obsesivo Compulsivo. Habitualmente, por fortuna, la mayoría de los casos tienen una intensidad mucho menor. La inmensa mayoría de los seres humanos tenemos algún tipo de rasgo obsesivo, y hay que aclarar estos rasgos difieren del trastorno propiamente dicho.

Por ejemplo, es frecuente que muchas personas cuenten los cuadrados de un piso al caminar o los barrotes de una reja que rodea un jardín grande de una casa. También es posible que alguien se regrese a verificar si cerró la puerta o la llave del gas, y aunque sienta que está seguro que lo hizo, prefiera constatarlo una vez más para "quedarse tranquilo". Otras veces es una tendencia excesiva a tener todo en orden o un interés muy marcado por la limpieza, que lleva a la persona a mantenerse habitualmente preocupada por estos factores. Estos y muchos ejemplos similares se ven de rutina y no implican gravedad alguna, y aunque sí son elementos o rasgos obsesivos de personalidad, no llegan a trastorno obsesivo.

Cuando la idea que se impone o la acción o impulso son de tal magnitud, intensidad y frecuencia que comienzan a perturbar el normal funcionamiento en la vida familiar, social o laboral, entonces sí es prudente consultar con un médico psiquiatra que pueda orientar el caso específico.

Al salir el señor Malpica, el siguiente paciente era Andrés. con menos duda que antes, se encaminó, casi sonriendo hacia la puerta del consultorio. La conversación lo había ayudado mucho y sus temores a tener que cumplir un tratamiento ya no lo perturbaban tanto como antes. Con una sonrisa, saludó:

—¿Cómo está, doctor Doc? ¡Yo vengo dispuesto a curarme!

CAPÍTULO 4

CUESTIONARSE EL MIEDO

El salón de clases estaba quedándose vacío. Eduardo, Alicia y Carolina se rezagaron haciendo tiempo, mientras veían al profesor Zote recoger sus cosas. Más que un salón era un anfiteatro, con los asientos elevándose en filas semicirculares desde el centro o foso, desde donde los profesores dictaban sus clases. La clase de ese día, de la cátedra de psiquiatría, se había desarrollado sobre el tema del miedo y las fobias. Sin embargo, los tres quedaron con dudas y preguntas que les martillaban en la cabeza. Incluso durante la clase, hablando bajito, se habían puesto de acuerdo para hacerle preguntas al Profesor Zote, sobre un tema que les tocaba de forma personal.

Ya casi todos los alumnos se habían retirado y el profesor comenzó a desplazarse hacia la puerta. Bajaron los escalones con la velocidad que llevan los estudiantes de medicina de 20 años y salieron al pasillo. Varios metros más adelante, vieron al profesor caminar rápido por el amplio pasillo, dirigiéndose hacia la puerta del edificio. Lograron alcanzarlo en el jardín, un área llena de árboles y cercada con plantas de cayenas, que precedía al espacio destinado al estacionamiento.

—¡Doctor Zote! —lo llamó Carolina— **¿Podemos hablar un momento con usted?**

El doctor miró el reloj para constatar si disponía de tiempo.

—¡Claro! No hay problema. Pero no más de 10 minutos, tengo que llegar al hospital y, con las colas de nuestra ciudad... Bueno, ya sabemos... cuéntenme.

Eduardo tomó la palabra.

— Mire, doctor, lo que pasa es que usted habló hoy de las fobias y la verdad no nos quedó claro si tener miedo a cualquier cosa, a lo que sea, es una fobia o no.

—¡Pues ahora yo estoy más enrollada que antes! —exclamó Alicia— ver un tiburón en una pecera gigante

—Si, mire —habló Alicia— yo tengo un montón de miedos y no sé qué hacer con ellos. Para empezar, no sé si eso es normal o es que sufro de fobias y tengo que buscar tratamiento.

—Bueno, vamos a ver —comenzó el doctor Zote—. Ya durante la clase, insistí en que tener miedo es algo natural entre los seres humanos. Algunos tipos de miedo son una enfermedad o patología, otros no. Recuerden, una fobia es un miedo desproporcionado al estímulo. Es decir, lo que ocasiona el miedo no justifica una respuesta tan extrema, por eso es una fobia. En caso de no ser así, es un miedo natural ante una situación que, realmente, es amenazante.

—Claro Doctor —interrumpió Alicia— eso lo entendemos. Pero vea mi caso: ¿tener miedo a los tiburones es normal o no?

—¡Por supuesto! Pero siempre dentro de unas determinadas circunstancias. Por ejemplo, no entrar a una playa porque se sospecha o se han visto tiburones y te da miedo, es algo normal no es una fobia. Pero si no puedes ir a un acuario y ver unos tiburones a través del vidrio de seguridad de la pecera, porque te da pánico... eso es otra cosa. Ahí sí estaríamos hablando de una fobia.

me tiene sin cuidado. Pero yo tengo años que no me baño en el mar, por miedo a que me coma un bicharraco de esos, es más, ni siquiera me gusta mucho ver películas donde aparezcan tiburones comiéndose a la gente. No entiendo cómo a alguien le puede gustar eso.

FOBIA!!

—Bueno Alicia— intervino Carolina—, pero ya el doctor lo aclaró. Si se trata de un miedo desproporcionado, es una fobia. Yo también le tengo miedo a los tiburones, pero no por eso dejo de bañarme en la playa. Lo tuyo me parece desproporcionado ¿No es verdad doctor?

—¡Ah, no! —volvió a atacar Alicia— entonces resulta que yo sí tengo una fobia, ¿no? Pero ¿y tú, que tienes pánico a salir y te la pasas encerrada en tu casa? ¿lo tuyo no es fobia?

—¡Epa!, dejen la peleadera —terció Eduardo—. Yo también tengo miedo de salir de noche de mi casa. Yo vivo en Guatire doctor, ya se imaginará usted, eso de salir a las 2 de la mañana no es muy seguro que se diga, yo no creo que eso sea una fobia, pero lo que...

—¡No, ya va! —interrumpió de nuevo Alicia— ¿cómo que eso no es fobia y lo mío sí? Yo sí salgo de rumba por ahí, en cambio ésta no sale ni que la maten.

—¡Pero, ya va! —reclamó Eduardo— ¡Déjame echar mi cuento! Mire, mi doctor, usted habló de la fobia social y a mí el concepto no me quedó claro. Fíjese, a mí me da pánico hablar en público. Por ejemplo, hacer exposiciones donde haya un grupo grandecito, me da terror, me corto, tartamudeo, me bloqueo y se me olvida todo. Pero, para hablar con la gente yo no tengo problema. Puedo echarle los perros a cualquier chama sin problemas. A mí, la verdad, verdad, lo que me preocupa y en lo que más me fijo es lo que diga la gente.

—¡Bueno!, pero ¿será que alguien me aclara mi rollo con los tiburones? —intervino Alicia, de nuevo.

A todas estas el doctor Zote miraba, entre asombrado y divertido, la escena.

—¡Ya va, muchachos! —exclamó—. Hagamos pausa y
vamos a intentar aclarar los distintos puntos, uno por
uno. Primero contigo, Eduardo. Fíjate, en efecto, tú no
pareces tener, para nada, una fobia social, tu conducta
es más bien abierta y expansiva. Tienes muchos amigos, hablas con todo el mundo y no te inhibes ante el
sexo opuesto.

—¡Para nada! —gritó Eduardo.

El Dr. continuó imperturbable, pero mirando el reloj.

—Sin embargo, tienes una preocupación desmedida
por la opinión que los demás tengan de ti. Te preocupa en exceso lo que otro pueda opinar de tu persona,
y eso sí es un problema. No se trata de una fobia, te
aclaro. Posiblemente, hayas tenido un aprendizaje dis-
torsionado en tu crianza o pasaron cosas en tu familia
cuando tú eras muy niño, que generaron esa actitud.
Lo adecuado es que te revises. Busca ayuda psicoterapéutica para conocer el origen de lo que te ocurre y poder erradicarlo con mayor facilidad. De todas formas,
existen múltiples abordajes que te pueden ayudar a
superar esa preocupación excesiva.

El rostro de Eduardo fue cambiando a medida que el doctor
hablaba. De una actitud bromista y risueña, fue pasando a un
estado de mayor reflexión.

—Vamos ahora contigo, Alicia —habló el doctor, dirigiéndose a la morenita muchacha asustada por los tiburones—. Mira, tener miedo a los tiburones, ya hemos

dicho que es normal... pero hasta cierto punto. Tú nos has dicho que no te bañas en la playa desde hace años por tu miedo a los tiburones y eso, definitivamente, es una respuesta excesiva. En tu caso, sí estamos en presencia de una fobia. Incluso, tal vez hayas notado que ya te está dando miedo el mar, con o sin tiburones. ¿Has notado eso?

—Bu... bueno, sí. Un poco —contestó Alicia, casi llorando—. De hecho, más que un poco. La verdad es que en los últimos tiempos no he querido ir a la playa porque me da miedo. Pero también es porque... porque... es que... bueno... que estoy gordita y... y... bueno... yo.... ¡Bueno, que no me gusta que me vean en traje de baño! —y mientras decía esto rompió en un llanto desconsolado.

El doctor Zote no pudo evitar abrazar e intentar calmar a la desconsolada Alicia. Eduardo y Carolina se le acercaron e, igualmente, intercedieron para tranquilizarla. Cuando su estado estuvo más sereno, el doctor retomó su explicación.

—Lo que nos acabas de confesar, Alicia, es muy esclarecedor. Como en el caso de Eduardo, tienes miedo a la opinión que otros puedan tener sobre ti, y tu autoestima pareciera estar bastante menoscabada. Inclusive, habría que preguntarse qué fue primero: ¿el huevo o la gallina?; es decir, ¿hiciste una fobia a los tiburones por razones que ahora desconocemos y que se ha ido expandiendo hasta llegar a tenerle miedo al mar y ahora se une a que no quieres que te vean porque estás gordita? o, por el contrario, ¿tu baja autoestima generó un supuesto miedo a los tiburones y al mar para darte una excusa para no tener que ir a la playa? Eso no lo vamos a saber hoy, por supuesto. Pero sí nos dice que en tu miedo a los tiburones puede haber más cosas de las que se contemplan a simple vista. Lo adecuado es que busques orientación psicoterapéutica y resuelvas ese temita de una vez por todas. Eres una niña muy linda y debes valorarte y apreciarte en lo que vales. Esos miedos pueden estar ocultando una imagen deteriorada de ti misma.

Ahora vamos con Carolina…

> —¡Ay, doctor! casi prefiero que no me diga nada —suspiró Carolina—. No, no, mentira. Dígame, ¿es normal mi miedo a salir? A mí me gusta salir, pero la inseguridad es terrible. ¡Yo vivo en Los Teques y mi papá maneja un autobusete y ya lo han asaltado dos veces y hace como seis meses mataron a un compañero de él! ¡Imagínese!

—Bueno, nosotros también tenemos miedo de salir —interrumpió Eduardo. ¿Verdad, Caro?

> —Sí, por supuesto —añadió Carolina, ahora más tranquila—. Pero nosotros salimos. ¡claro, sabemos que hay riesgo, pero salimos igual!

—Yo creo que igual no —intervino el profesor— muy posiblemente, sus maneras de salir han cambiado. Probablemente, no van a ciertos sitios a determinadas horas. Sé que se acostumbra quedarse hasta que amanezca en la casa donde hubo una fiesta, para esperar que las horas de mayor peligro pasen. Sabemos que es muy peligroso exponerse a moverse solo en la madrugada, por cualquier parte de nuestra ciudad o de cualquier ciudad en general. Sabemos que hay riesgo, eso es indudable.

—¡Bueno, claro! —exclamó Alicia.

—A eso me refiero —continuó el doctor—: Hay una realidad. Ante una situación de riesgo o amenaza hay, que tomar las medidas que se consideren más idóneas para evitar el peligro. Una de esas medidas es no salir, otra forma es programar salidas seguras. es decir, hacerlo en grupos, en horas prudentes y evitar exponerse a andar de madrugada. esa actitud en ningún caso es sinónimo de cobardía o de tener una fobia, o algo semejante. Por el contrario, revela una conducta sensata, madura y prudente.

—Bueno, eso es lo que yo hago. No es que no salga nunca, lo que pasa es que, como vivo lejos, tengo que ver para dónde voy, si me puedo quedar, si el sitio es seguro... en fin, yo evalúo el riesgo y dependiendo, salgo o no.

—¡Muy bien! ¡Excelente! —la felicitó el doctor— Tú eres responsable de lo que haces y de los riesgos que tomas. No importa que otros digan que sales poco o que vives asustada o cualquier cosa por el estilo. Lo importante es, como tú muy bien lo has dicho, evaluar con sensatez que se puede hacer y qué no.

—¡Es verdad! —exclamaron al unísono Carolina y Eduardo.

—Bueno, muchachos. Ahora sí —intervino el médico— me tengo que ir. Otro día seguimos la conversación ¡chao, cuídense!

Carolina, Alicia y Eduardo se quedaron un rato viendo como el doctor se marchaba en su vehículo, mientras cada uno en su mente, y por distintas razones, pensaba que eso del miedo es algo a lo que deberíamos prestarle más atención. El Dr. Zote manejó su vehículo con la mente aún fijada en la conversación mantenida con sus jóvenes alumnos.

El miedo no tiene edad ni color, ni clase social. Es algo inherente a todos los seres humanos. Cuando no es exagerado, puede incluso ser nuestro salvador y nos lleva a actuar con cautela y prudencia en situaciones que avizoramos como peligrosas. Sin embargo, cuando es sobredimensionado y coarta nuestro normal funcionamiento, se convierte más en un problema que en una ayuda.

¡Cuántos temores infundados tenemos! Y cuanta gente se beneficiaría si supiera que, si sus miedos los incapacitan u obstruyen su normal desenvolvimiento, lo mejor sería consultar con un especialista. La verdad es que se ahorrarían muchos problemas.

Con razón o sin ella, el miedo siempre está en nuestras mentes, aunque no siempre seamos conscientes de ello. Es importante preguntarse si determinada limitación en nuestra vida obedece a un temor justificado o no y cómo hemos estado reaccionando a los desafíos de nuestro entorno.

CAPÍTULO 5

ENFRENTAR EL MIEDO

El doctor Doc saludó con voz queda a la dama que le abrió la puerta.

—¿Cómo estás, Lucy? ¿Ya empezaron?

—No, doctor. Todavía falta gente y el guía decidió esperar un rato más. Pero, pase, pase.

El doctor Doc caminó rápido, pero tratando de no hacer ruido. Se dirigió hacia el fondo, donde una amplia puerta de madera permanecía cerrada. La abrió con delicadeza, apenas lo suficiente para entrever la sala que la puerta protegía. Se asomó con cuidado y vio el conocido espacio: grande, amplio y ventilado. era el salón al que solía asistir por lo menos una vez a la semana. Observó el letrero escrito en la pared del fondo, entre dos grandes ventanas, que rezaba: "Singularidad — Centro de Meditación". Las ventanas daban a un jardín posterior de la casa, que, arbolado y sembrado con setos y flores, trasmitía su frescura y serenidad a toda la habitación.

A los pies del letrero, como era habitual, y sobre una pequeña tarima, estaba sentado el guía. Frente a él y dándole la espalda a la puerta de entrada, se encontraba un nutrido grupo de personas de diferentes edades. estaban sentadas en el piso, sobre cojines de las más variadas formas y colores. Muchos hablaban entre susurros, mientras otros permanecían muy quietos y con los ojos cerrados.

Buscó un lugar apropiado para sentarse, mientras apretaba con fuerza sus propios cojines, traídos desde el consultorio, a través del complicado tráfico de la ciudad. La empresa no estaba fácil: hacia donde dirigía la mirada el espacio se veía ocupado y no distinguía un sitio libre para acomodarse. Cruzó el dintel de la puerta y desde allí pudo detectar un lugar relativamente amplio, a su izquierda y pegado de la pared, bastante alejado y en el lado opuesto de la tarima donde el guía se sentaba para responder preguntas y dirigir la sesión. caminó hacia el lugar elegido y con bastante facilidad colocó sus cojines y se sentó cruzando las piernas en una posición cercana a lo que los practicantes de Yoga llaman "semi loto". Apenas había tenido tiempo de cerrar sus ojos e intentar serenarse cuando el guía tomó la palabra.

—Buenas tardes a todos! —exclamó.

Se trataba de un hombre de bastante más de setenta años, con una mirada mansa, alegre y tal vez algo pícara, con el pelo y la barba blancos y bastante largos. recibió la respuesta de un coro de voces:

—¡Buenas tardes, maestro Gracián!

¡BIENVENIDOS!

El doctor Doc, que lo conocía de muchos años, aprovechó el comienzo para dar un vistazo general a toda la habitación. No tardó mucho tiempo sin toparse con caras conocidas que podía ver sin ser visto, dada la posición privilegiada en la que se encontraba, en la parte posterior del salón. Allí distinguió a varios de los alumnos y alumnas de sus clases de psiquiatría en la Universidad, también dos o tres de sus pacientes y ¡cómo no!, allí estaban además sus colegas, el doctor Cito y el doctor Zote, a quienes él mismo les había recomendado ir varios años antes.

Algunas personas más entraron justo en ese momento y el grupo llegó a ser, calculaba Doc, de unas sesenta personas. Todas sentadas en el piso sobre cojines y mirando al maestro Gracián.

—Hoy, como es martes, no vamos a hacer ninguna lectura introductoria. Además, veo bastantes caras nuevas y creo que sería prudente abrir una ronda de preguntas antes de comenzar la meditación ¿Qué les parece? ¿resolvemos algunas dudas?

Miró con calma a todos los presentes, hasta que vio una mano levantada.

—¡Ajá! —exclamó— Allá tenemos nuestra primera intervención. Dígame, señor... ¿?

—Me llamo Jorge —respondió una voz masculina al fondo del salón—. Tengo varias preguntas, pero la primera que le quiero hacer es ¿tiene algo que ver la meditación con algún tipo de religión, creencia o secta o algo así?

Ja, ja, ja... —se escuchó un murmullo acompañado de risas tras la pregunta.

—¡Ya, ya! —exclamó el maestro Gracián—. La pregunta del señor Jorge es totalmente válida. Muchos de los que ahora se ríen tuvieron la misma duda al principio. Le respondo contundentemente: ¡No! La meditación es una técnica para desarrollar áreas del cerebro que le ayudarán a manejar mejor sus emociones negativas, tales como la ira, la tristeza y por supuesto el miedo. Es cierto que su práctica está asociada a algunas filosofías como el budismo o taoísmo o incluso a algunas religiones, como es el caso del hinduismo. Pero es como practicar Yoga: no requiere ningún tipo de creencia para beneficiarse de las múltiples ventajas que esta actividad le reporta al organismo. La meditación es como un ejercicio del cerebro, pero el músculo que se desarrolla es la mente y la mente ¡es un músculo muy poderoso!

Varios brazos se habían levantado mientras el maestro Gracián respondía.

—A ver, ¡tú! —exclamó, a la vez que señalaba a una mujer joven y atractiva, sentada en la segunda fila.

—Gracián —comenzó ella— tú dices que es como un ejercicio para el cerebro ¿cómo es eso? ¿Le pasa algo al cerebro de verdad? ¿Sólo por pensar y concentrarse?

—Sí, en efecto, Lucía —respondió Gracián, que ya conocía a su interrogadora—. Se ha demostrado, con imágenes tomadas del cerebro con tomografía por emisión de **Positrones** que, al practicar meditación, por la neuroplasticidad que caracteriza al cerebro, se incrementan las conexiones de áreas tales como los lóbulos frontales con áreas conocidas como cerebro límbico. Los lóbulos frontales son la parte del cerebro más evolucionada y el área límbica es la zona donde existen núcleos que al excitarse disparan sensaciones muy dolorosas, como es el caso de muchos miedos innecesarios, que nos pueden paralizar en la vida. Se ha demostrado, que la práctica adecuada y disciplinada de la meditación, produce una disminución de la descarga de esos núcleos, es por eso que la persona se siente cada vez mejor, más tranquila, más serena y en paz. Claro: tiene que ser una práctica apropiada y disciplinadamente regular.

—Maestro Gracián —preguntó una voz a la izquierda del doctor Doc— ¿es lo mismo la meditación que la relajación o que la hipnosis?

—No, ¡para nada! —exclamó Gracián—. La relajación es casi lo contrario de la meditación. Relajarse implica disminuir la atención, no focalizarla, y puede producir fácilmente somnolencia o incluso que la persona que la realiza se quede dormida. La relajación tiene sus indicaciones y es muy útil para muchas cosas, como por ejemplo el estrés o el tratamiento de algunos miedos conocidos como fobias. La hipnosis igualmente es un proceso mental totalmente diferente. Fíjese que la meditación no necesita alguien que dirija. Es usted, con su propia mente, quien hace todo. En cambio, en la hipnosis se requiere alguien que ayude a la inducción hipnótica.

—¿Hay una sola forma de meditación? —preguntó una mujer que, como el doctor Doc, estaba pegada de la pared, pero al otro lado del salón.

—¡No! —respondió Gracián— Hay muchas técnicas meditativas. De focalización, expansivas, en movimiento, las que usan sonidos llamados mantras o la visualización y muchas otras. Tienen indicaciones y métodos precisos. Nosotros aquí en Singularidad practicamos varias, pero hoy haremos una meditación que requiere focalizar la mente en un solo estímulo, que en nuestro caso es la respiración. Implica incrementar la atención en un solo foco. Lo que sería volcar la mente sobre sí misma.

—Señor Gracián: yo vengo con mi hija porque ella sufre de miedos incontrolables. Le tiene miedo a todo… —decía la mujer mientras señalaba a una adolescente que permanecía callada, con cara de vergüenza, a su lado. Ella está en tratamiento y le recomendaron que aprendiera a practicar algún tipo de meditación. Tiene 19 años y esto lo tiene desde que era niña. Siempre fue muy asustadiza y ¡no sabe lo que me costó convencerla para que viniera! ¿Usted cree que esto la puede ayudar?

—Sin duda, como complemento de su tratamiento, que es muy importante, practicar meditación de la forma apropiada y con regularidad, seguramente será muy beneficioso. Yo les doy la bienvenida a la vez que la felicito a usted por acompañar y ser solidaria con su hija. eso es de gran ayuda. ¿cómo te llamas? —preguntó dirigiéndose a la joven sentada al lado de la señora.

—María —respondió la muchacha.

—Bien, María, te damos la bienvenida —expresó con voz cálida— y te felicitamos por tu esfuerzo y por la decisión que has tomado de venir y aprender a meditar. ¡Un aplauso de todos los presentes!

Tras el aplauso a la muchacha, intervino un señor de la misma edad que el maestro.

—Gracián, ¿acaso la meditación es suficiente para que desaparezcan los miedos?

—Bueno, Alberto, la meditación es una herramienta más. Una herramienta de gran ayuda. Pero si alguien padece de miedos excesivos o permanentes o tiene mucho tiempo padeciéndolos, lo adecuado es que busque ayuda profesional. Estoy seguro de que hoy en día la gente bien informada tiende a incluir, dentro de sus estrategias de tratamiento, la práctica de la meditación.

El doctor Doc corroboraba lo dicho por Gracián en sus pensamientos, mientras veía cómo el doctor Cito y el doctor Zote asentían de manera enfática con sus cabezas.

—La última pregunta antes de comenzar —exclamó el maestro Gracián, mientras señalaba a una señora con evidente sobrepeso, que estaba sentada justo frente a él.

—Gracián: ¿es indispensable sentarse en el piso y cruzar las piernas para poder meditar?, dijo esto con voz quejumbrosa y rostro sufriente.

—No, por supuesto que no, Maritza —respondió sonriente Gracián— De hecho, meditamos así porque es la forma más antigua que hemos aprendido y quienes practicaban la meditación en la antigüedad, se sentaban así. Pero podemos hacerlo sentados en una silla tranquilamente. ¡Angélica! —llamó— ¿Podrías traerle una silla a Maritza?

Y Maritza, entre suspiros de alivio y carcajadas de gusto, se levantó del suelo para tomar posesión de su nuevo asiento.

La práctica de la meditación es muy sencilla. No requiere de demasiado tiempo, pero sí de constancia. Y, si se practica con regularidad, los logros se experimentarán relativamente rápido. No se requieren años practicando, como sucede cuando se estudia una disciplina académica o universitaria, pero sí unos tres o cuatro meses para empezar a experimentar los cambios benéficos. Cambios que se incrementarán, paulatinamente, con la disciplina en la práctica.

Tal como ha explicado nuestro personaje Gracián, existen muchos métodos para practicar la meditación.

Aquí vamos a compartir el mismo que utiliza él con su grupo, que hace énfasis en la respiración. Es una forma de meditación que busca concentrar y focalizar la atención en una sola actividad, en este caso en la entrada y salida del aire al respirar. Corresponde a la etapa inicial de una forma de meditación conocida como Vipassana

INSTRUCCIONES PARA MEDITAR:

1.

Busquemos un lugar apropiado, donde estemos seguros de que no vamos a ser interrumpidos durante por lo menos media hora, tiempo conveniente para comenzar la rutina.

2.

No existe una hora específica para meditar. Puede hacerse mañana, tarde o noche. Sin embargo, de ser posible, se sugiere hacerlo a muy tempranas horas de la mañana, pues las condiciones ambientales y una disminución significativa de ruido pueden ayudar al principiante.

3.

Para este tipo de meditación no es recomendable poner música o incienso o cualquier cosa que pueda actuar de foco de distracción.

4.

Asegurémonos de tener un medidor del tiempo que lleva-mos meditando, que nos avise cuando haya transcurrido la media hora. La alarma de cualquier reloj sirve.

5.

Comenzamos sentados en una postura cómoda pero activa. Puede ser en el piso, con las piernas cruzadas y apoyados sobre un cojín, o también en una silla. Los ojos deben permanecer cerrados. En etapas más avanzadas de meditación se pueden mantener abiertos y mirando a una distancia determinada, pero al comenzar debemos hacerlo con los ojos cerrados.

6.

Mantenemos la espalda derecha. Esto es muy importante: sea como sea que decidamos sentarnos la espalda debe estar recta. Es un punto clave durante la práctica.

7.

Respiremos normalmente, por la nariz todo el tiempo. Inhalemos y exhalemos por la nariz, una y otra vez, concentrándonos en ello. No aceleramos, ni hacemos más lenta la respiración. Simplemente, respiramos como nos provoque, pero atentos a lo que está pasando.

8.

Focalicemos nuestra atención en las sensaciones físicas que experimentamos cuando sentimos entrar el aire por nuestras fosas nasales y lo que sentimos cuando sale.

9.

Hagamos de cuenta que nada más existe. Durante esta sesión de meditación, solo nos importan las sensaciones en nuestras fosas nasales. Nada más, solo eso. Cualquier pensamiento o idea que llegue indica que salimos del foco de atención. Al darnos cuenta de que eso ocurre, sin juicio alguno, volvemos a colocar la atención en la respiración. Hacemos esto cuantas veces sea necesario. Recordemos que esto es meditar. No esperemos comenzar a experimentar visiones o sensaciones especiales o extrañas. (En meditación muy profunda se pueden tener experiencias de súbito conocimiento o sabiduría, pero no es eso lo que se pretende cuando se está comenzando. Si ocurre algo inusual debe verse como una digresión o desfocalización y regresar, una vez más, al foco).

10.

Si el pensamiento hace que nos distraigamos, no nos critiquemos. Simplemente, seamos conscientes de ello y regresemos la atención a la respiración.

11.

No nos desanimemos si sentimos que nuestra mente se comporta errática y descontrolada, yendo y viniendo de un pensamiento a otro. Es lo natural. De hecho, la mente indómita y no entrenada siempre funciona así, pero ahora estamos siendo conscientes de ello. Con constancia y sin censurarnos, refocalizamos nuestra atención una y otra vez en las sensaciones en nuestras fosas nasales al entrar y salir el aire.

12.

Estamos entrenando a nuestra mente. Probablemente sea la primera vez que estamos intentando hacer algo como esto. Con el tiempo, lograremos que nuestra mente se haga más dócil y respete nuestras decisiones. Es cuestión de práctica. Los beneficios a mediano plazo, bien valen la pena.

13.

Al concluir la media hora, abriremos los ojos y haremos un sano esfuerzo consciente de permanecer la mayor parte del día en el estado mental que hayamos alcanzado, sea cual fuere el nivel logrado.

NOTAS

Con la meditación veremos que habrá días en los que lograremos más y otros en los que alcancemos menos. No nos desanimemos por ello. Nos incorporamos a nuestras actividades diarias recordando el estado de nuestra mente.

Durante el día, en intervalos de dos o tres horas, es conveniente fijar la atención en nuestra respiración durante uno o dos minutos, no más. No es necesario sentarse de alguna manera especial o hacer ritual alguno. En cualquier momento, durante el trabajo o cualquier actividad, focalicemos la atención en la entrada y salida del aire por las fosas nasales. Hagamos esta actividad a lo largo del día, tres, cuatro o cinco veces, o hasta más si queremos y lo recordamos.

Finalmente, si conoce de un profesional o centro en el que se practique la meditación, es conveniente asistir periódicamente. Esto refuerza nuestro entrenamiento y la práctica en grupo es muy beneficiosa.

CAPÍTULO 6

TODOS TENEMOS UN TIGRE QUE ENFRENTAR, Y A VECES, ES UN TIGRE COMPARTIDO

Por lo que hemos leído hasta aquí, podemos ya concluir que el miedo, por sí solo, no es algo que sea indeseable. Por el contrario, muchas veces es precisamente el miedo lo que nos obliga a estar alertas y a prevenir o incluso evitar situaciones peligrosas.

Cuando el miedo se convierte en algo desproporcionado al estímulo que lo genera, o cuando nos paraliza impidiéndonos reaccionar, o cuando nos lleva a una resignación sin esperanza, o a una huida insensata y sin posibilidad alguna de éxito, es entonces cuando el miedo se transforma y pasa de ser una herramienta útil, a ser una carga que imposibilita y frustra. Incluso puede degenerar en depresiones severas, como producto de un sentimiento de temor resignado o miedo paralizante. El que así vive, se encuentra habitualmente preso de sus propios miedos sin saber qué hacer para salir de una situación que limita y obliga, pero que no permite una salida.

Como hemos visto, muchos miedos son infundados y las personas están condicionadas, programadas, enseñadas a responder sin razón o con exceso, a estímulos que no lo justifican, en otras palabras, se aprende a vivir con temor constante. Este tipo de situaciones requieren la orientación y ayuda de un médico especialista que ofrezca las herramientas debidas para salir de esa situación.

¿Pero qué ocurre en aquellas situaciones sociales, globales o generalizadas que generan temor?

¿Qué ocurre, por ejemplo, en situaciones de guerra, hambre, delincuencia desbordada o cuando incluso la sobrevivencia está en riesgo por la dificultad de encontrar alimentos o medicinas?

En situaciones semejantes -que se pueden ver en barrios, ciudades, comarcas o incluso países- la respuesta de miedo se puede considerar una respuesta normal y sana. En circunstancias como las mencionadas, el miedo, dentro de ciertos límites es una herramienta necesaria para prevenir y evitar situaciones peligrosas.

Evolutivamente, la emoción del miedo nos ha ayudado como especie a sobrevivir, pues bajo su mandato el individuo humano hace lo que considera conveniente para salvarse a sí mismo de cualquier peligro. Sin embargo, en situaciones de riesgo o daño colectivo, **la supervivencia de uno no debería estar por encima de la salvación del grupo completo**. Valores sociales de magnanimidad y altruismo, deben tomar el control y superponerse a un instinto inmediato de supervivencia solo personal. La salvación pasa a estar en el grupo como un todo actuando coordinadamente y no en las acciones aisladas de individuos separados.

Suelo utilizar una especie de fábula o historia inventada, para tratar de ejemplificar una situación semejante:

REACCIONES FRENTE AL TIGRE.

Imaginemos que un grupo grande de personas se encuentran compartiendo en el piso veinte de una edificación. Supongamos, que se trata de una especie de reunión producto de una invitación hecha por una empresa para agasajar a sus socios y clientes. Alrededor de 50 o 60 personas comparten y conversan mientras beben algo… y de pronto, ¡El techo se rompe y un inmenso y hambriento tigre de bengala cae en medio del salón! El miedo, como un fantasma pálido y translúcido se pasea a través de todo el salón entrando en el corazón de todos los presentes.

Un grito generalizado retumba y todos miran a la inmensa fiera de 250 kilos de peso y de casi cuatro metros de largo que emite un pavoroso rugido que hace vibrar los cristales de las ventanas.

Veamos algunas de las diferentes respuestas, o reacciones, que las personas pueden tener:

1.

Algunos tratando de huir corren de manera ciega hacia el balcón y se lanzan al vacío muriendo al estrellar sus cuerpos contra el pavimento veinte pisos más abajo.

2.

Otros deciden "hacerse el muerto" pues según han oído "tigre no come muerto".

3.

Uno, mira con cuidado hacia su entorno y ve una pequeña puerta por la cual decide huir. Algunos lo ven y lo siguen.

4.

Un pequeño grupo deciden esconderse detrás de las cortinas.

5.

Otro saca un bolígrafo de su chaqueta y piensa "si a este tigre se le ocurre antojarse de mí, me comerá, pero por lo menos lo dejo tuerto".

6.

Otro, mira hacia arriba y decide dar un brinco sobre una mesa y trepar hasta una lámpara "Aquí ese tigre no me alcanza", piensa.

7.

Una pareja decide hacer el amor "por primera y última vez", se dicen el uno al otro mirándose a los ojos.

8.

Una señora decide que lo mejor es acostarse en un sofá y dormirse, cosa que hace, pues: "Lo que sea que vaya a ocurrir es mejor que me agarre dormida".

9.

Dos hombres (mal encarados) sujetan con fuerza a una dama y se dicen: " Si nos ataca el tigre lánzale a la chica".

10.

Una chica joven y bonita se lanza sobre un hombre fornido gritando: "Sálvame".

11.

Otro se pone de rodillas frente al tigre y grita mientras se desgarra la camisa: "¡Huyan todos! ¡Yo me sacrifico! No me olviden y ténganme en sus oraciones".

12.

Un grupo se coloca a un lado y comienzan a rezar.

13.

Un señor ya mayor y con cara de matemático, saca papel y lápiz y comienza a calcular el tiempo que él tardará en llegar a la puerta y huir "tomado en cuenta que el tigre corre a una velocidad de …".

14.

Uno, fornido y alto, salta sobre el tigre pensando "Mejor atacar primero que esperar a que me devore".

15.

Dos señoras que estaban cerca de la mesa donde se encontraban las bandejas de alimentos, deciden darle de comer al tigre "para que se quede quieto" comentan.

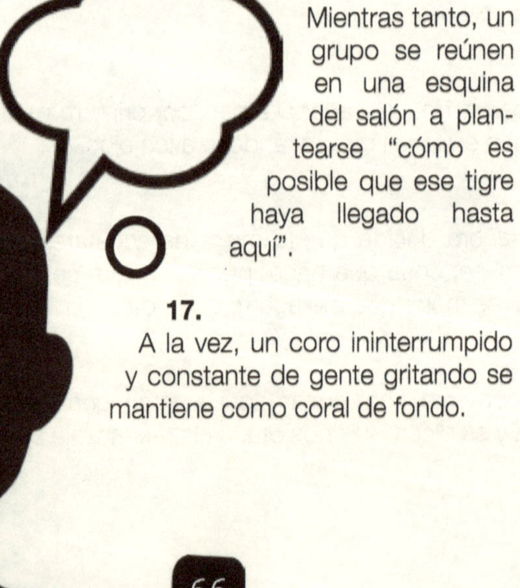

16.

Mientras tanto, un grupo se reúnen en una esquina del salón a plantearse "cómo es posible que ese tigre haya llegado hasta aquí".

17.

A la vez, un coro ininterrumpido y constante de gente gritando se mantiene como coral de fondo.

18.
Varios se desmayan.

19.
Bastantes se esconden en sitios inverosímiles tratando de pasar desapercibidos.

20.
Muchos, inmediatamente, buscan en google qué hacer en circunstancias semejantes.

21.
En la parte derecha, guiados por una mujer joven, un grupo amontona muebles para taparse detrás de ellos.

22.
Cinco caballeros y cuatro damas deciden irse lentamente hacia la zona donde están las bebidas y comienzan a servirse tragos nuevos "Este tigre no nos va a amargar la vida" se dicen entre trago y trago.

Pudiéramos continuar durante mucho tiempo describiendo posibles respuestas de cada una de las personas. Sin embargo, lo relevante es hacernos varias preguntas:

¿Cuál es el problema que existe en ese salón?

La respuesta obvia es: Un tigre.

¿Es un problema común?

La respuesta, también obvia es un rotundo: ¡Sí!

¿Todos hacen lo mismo?

Una vez más la respuesta es obvia: ¡No!

¿Qué hace cada uno?

Simplemente aquello que de manera impulsiva ha sido condicionado a hacer. Todos, en la historia, simplemente hacen lo único que podían hacer, pues están condicionados a hacer lo que hicieron y no saben hacer otra cosa (huir, esconderse, atacar, hacerse el muerto, actuar como si no estuviera pasando nada, etc.). La respuesta que tuvieron, puede ser efectiva o no para el caso particular de salvarse a sí mismos, eso no importa, lo relevante es que actuaron de manera impulsiva haciendo aquello para lo que fueron condicionados, salvarse a sí mismos obviando la situación colectiva que están enfrentando; unas reacciones pueden parecernos más insensatas que otras, pero siempre, serán respuestas automáticas y que pretenden la salvación individual.

De lo que se trata, es que se intenta resolver una situación plural, general o global con los recursos inmediatos que nos da nuestro instinto de conservación y nuestro limitado aprendizaje personal. La respuesta que surge es inmediata, condicionada y muy probablemente…inútil.

En situaciones globales, que involucran crisis social, como guerras, hambrunas, o riesgos graves para muchos, lo indicado implica, antes de cualquier otra cosa, reflexionar para no actuar desde nuestros condicionamientos básicos. Se requiere ponderar y reflexionar con serenidad para enfrentar un enemigo que es común. No se trata de salvarnos a nosotros mismos, es mucho más que eso, es necesario actuar para disminuir al máximo el poder de la fuerza que intenta destruir al grupo como entidad general, más allá de a cada uno individualmente.

Esto requiere apelar a nuestros valores más profundos, superar el simple instinto de conservación individual y pensar con el altruismo requerido para bloquear la amenaza al grupo.

Evolutivamente, el área del cerebro más desarrollada son los lóbulos frontales, allí radican o se asientan en el plano material de la neurofisiología, los valores que nos enaltecen como humanos y que, en última instancia, nos diferencian como especie. Un gorila o un chimpancé carece de lóbulos frontales, su evolución permanece en los límites del núcleo de la amígdala cerebral, atacar o huir para salvarse. Como humanos, podemos apelar a áreas de nuestro cerebro más evolucionadas que implican poner en acción nuestros valores colectivos: desprendimiento, generosidad, abnegación, responsabilidad, civismo… en una palabra, **humanidad**.

Acudir en conjunto a esos valores y actuar en grupo desde ellos con desprendimiento, es la acción adecuada en situaciones de crisis comunes o generalizadas.

Nadie puede resolver la situación por sí solo, se requiere de la acción de todos o por lo menos de la mayoría, y propiciar que esto sea así con todos los medios a nuestro alcance es el primer e indispensable paso a seguir. Pensar en la salvación personal solamente, conlleva a un sacrificio del grupo o de la sociedad que padezca la agresión, sea cual fuere ésta, y paradójicamente del individuo mismo que intenta salvarse solo.

El miedo, en el caso de que decidamos actuar de esta forma, puede servir como emoción aglutinante que "saca" lo mejor y más evolucionado de cada uno, propiciando acciones conjuntas que menoscaben el poder de daño que el agresor pueda tener.

La reflexión, la práctica de la meditación que ya mencionamos antes para propiciar la serenidad, y la búsqueda y apego a nuestros más elevados y sagrados valores, es a lo que llama el miedo en circunstancias como la descrita. Bienvenida entonces esta emoción a nuestras vidas si es para obtener de nosotros lo mejor de nuestro espíritu.

FIN

ÍNDICE